AF254134

ESSAI

Sur la nécessité de créer

UNE VICE-ROYAUTÉ

EN ALGÉRIE.

ESSAI

SUR LA NÉCESSITÉ DE CRÉER

UNE

VICE - ROYAUTÉ

EN ALGÉRIE.

Discite justitiam moniti.

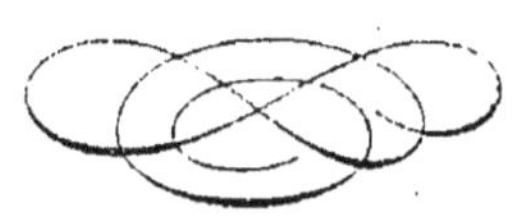

MARSEILLE,

IMPRIMERIE CARNAUD, DIRIGÉE PAR BARRAS AÎNÉ,

RUE SAINT-FERRÉOL, 27.

—

1847.

Habitant de l'Algérie depuis 1832, devenu citoyen français, je crois pouvoir communiquer à ma patrie adoptive mes réflexions sur un sujet des plus importants.

Si je parviens à exciter l'attention du public, la question pourra être traitée par des hommes éclairés et vieillis dans l'étude des affaires politiques ; mon but aura été atteint ; il y aura peut-être du temps gagné. Le temps c'est tout, il faut en profiter.

Gaétan CITATI, banquier,
Juge au Tribunal de Commerce d'Alger.

Cet état de choses n'est pas moins nuisible à la France qu'à l'Algérie. Cent millions ou à peu près sont dépensés annuellement, sans que l'on sache ni pourquoi, ni comment, ni pour combien de temps, ni dans quel but. MM. les députés peuvent les voter annuellement avec autant d'indifférence que les ministres en mettent à les laisser dépenser. MM. les militaires peuvent trouver de l'avantage à jouer à la mort ou à l'avancement ; MM. les employés peuvent attendre, avec confiance dans le gouvernement, la récompense de leurs services ; mais, pour les administrés, le temps passé et mal employé est tout-à-fait perdu ; la partie n'est pas égale pour eux, car ils jouent le tout à la fois, et ce n'est ni par indifférence ni par choix : on ne quitte pas sans une impérieuse nécessité un pays dans lequel on a passé un quart de sa vie, et on ne peut renoncer sans regret aux espérances de l'avenir. Les enfants nés ou élevés sous le soleil d'Afrique pourront difficilement prospérer et trouver place ailleurs. Les arrangements de famille ne se changent pas sans de grands inconvénients. Enfin, nous sommes citoyen et, sous tous les rapports, nous avons le droit d'émettre une opinion ; nous l'émettons.

Qu'est-ce que l'Algérie ?

D'abord un pays conquis par petites parties en 1830. Plus tard, le passage des Bibans a marqué l'ère de l'occupation générale ; étoile polaire qui toutefois répand encore une bien faible lueur dans les ténèbres qui nous environnent. Que pourra, que devra devenir l'Algérie?

Les uns disent une colonie, d'autres voudraient la diviser en départements, d'autres enfin veulent l'ériger en vice-royauté.

L'Algérie colonie! Qu'est-ce qu'une colonie? Il serait difficile de le définir. Chaque métropole a eu un but spécial qui, le plus souvent, a été manqué. Toutes les colonies se sont tôt ou tard rendues indépendantes des pays qui les ont créées; voilà leur destinée : c'est ainsi que les enfants s'émancipent quand ils en ont l'âge. Les émancipations des colonies ont toujours eu lieu par des voies de sang, effet inévitable des traitements qu'elles ont subis. Les métropoles agissent plus en marâtres qu'en mères; elles poussent ainsi leurs enfants à l'indépendance.

Loups-cerviers, accapareurs, ce sont des mots que nos enfants entendent depuis quelques années prononcer avec indignation, et qui ont déjà porté leurs fruits. En vain on nous dira qu'une séparation est impossible, que cent mille soldats-colons maintiendront le pays dans la soumission et l'obéissance. Ces colons-soldats seront les premiers à se plaindre d'une mauvaise administration, à se révolter contre les injustices et l'oppression de la métropole; ils le feront avec d'autant plus de facilité qu'ils se trouveront armés, qu'ils auront fraternisé avec les colons civils, qu'ils seront possesseurs des terres qu'on leur aura données à défricher, des maisons qu'on leur aura fait construire.

En vain nous effraiera-t-on des Arabes. Les zones

de colonisation que le gouvernement a inventées, nous tous, colons civils et militaires, saurions bien les maintenir. Peut-être serions-nous obligés de les laisser un peu plus larges aux Arabes, mais cela vaudrait mieux que des ordonnances et des arrêtés; que les changements de chaque année; que l'ignorance et le mépris de nos vœux et de nos besoins Nous aurions au moins des institutions et des lois.

La France voudra-t-elle que les générations futures passent par toutes les phases d'une lutte acharnée entre les descendants des mêmes pères, lorsque surtout l'issue ne saurait en être incertaine? Ne vaut-il pas mieux que, préparant dès à présent à ses enfants de l'Algérie les voies d'une ère nouvelle, elle donne à l'univers un éclatant exemple de haute intelligence, de sage prévoyance et de l'entente de ses véritables intérêts, en mettant au plus tôt l'Algérie dans la voie qu'un puissant empire est destiné à parcourir ?

L'Algérie-colonie serait un pays malheureux, destiné à créer des bénéfices à certains habitants de la métropole, bénéfices toujours inférieurs aux cent millions de budget qu'elle coûte annuellement. La population arabe, incertaine sur son avenir, aurait le droit de nous faire la guerre, ou tout au moins de rester en dehors de notre action. Se flatter que les Arabes se croient de cœur et d'esprit les sujets d'un maréchal de France en l'absence du souverain réel, qu'ils ne peuvent, par conséquent, pas comprendre, est une utopie; de là, la guerre. La guerre est ou une mise en demeure permanente, par les Arabes, de la création d'un gouvernement régulier, définitif, ou une injonction de quitter un pays qu'on n'a pas su constituer. Les Arabes sont trop fiers pour être les sujets des sujets.

C'est donc nous qui la voulons cette guerre des Arabes, que nous n'avons gouvernés jusqu'à aujourd'hui qu'au moyen des razzias et à coups de canon.

Quant à la portion étrangère de la population européenne, il faut aux étrangers bien mieux qu'un pays gouverné arbitrairement, pour qu'ils viennent en masse y fixer leur résidence. En l'état actuel des choses, dans tout pays européen, à part la facilité d'être ruiné, dont on jouit amplement en Algérie, on est mieux gouverné qu'on ne le serait dans celle-ci, si elle était laissée en état de colonie. Sous le gouvernement le plus absolu, le droit sacré de propriété n'est point exposé à des actes de vandalisme nommés ordonnances et arrêtés; il est non seulement respecté, mais encore protégé par les lois. Les étrangers viendront donc en petit nombre pour amasser de l'argent ou se ruiner, en tout cas pour s'en retourner chez eux, jamais pour coloniser. Nous l'avons déjà remarqué, depuis quelques années, la population étrangère a peu augmenté en Algérie; c'est que ce pays inspire peu ou point de sympathie et de confiance.

Les colonies d'Amérique encore attachées à leurs métropoles sont stationnaires en fait de population : c'est dans la nature des choses.

Pourtant le concours et la solidarité de l'Europe sont nécessaires à l'Algérie, et il serait imprudent, pour le présent ainsi que pour l'avenir, de renoncer à une population étrangère. L'Europe est une famille de laquelle on ne peut vivre impunément à l'écart.

Or, si l'état de colonie convient peu à des étrangers presque tous sujets de gouvernements absolus, encor moins conviendra-t-il à des citoyens français. Cela explique le petit nombre de Français établis jusqu'à présent en Algérie ; car si nous admettons que tout Français n'aime pas à se changer de citoyen en sujet, il faut admettre aussi que la pensée de ne subir aucun changement dans ses droits nationaux a pu seule décider quelques milliers de Français à s'établir en Algérie. Mais, lorsqu'on serait certain de devenir colon, il viendrait probablement encore moins de Français en Algérie qu'avant que cette certitude ne fût acquise ; c'est qu'on n'aspire pas à descendre. Compensation faite, la colonie ne sera pas plus attrayante que le gouvernement militaire. Or, s'il n'y a pas de colonie sans colons, il n'y en a pas non plus sans capitaux. Les capitalistes connaissent désormais par expérience le régime appliqué jusqu'à ce jour à l'Algérie, et ils n'y hasarderont plus leur fortune, à moins que ce pays ne devienne un état légalement constitué.

Colon ! c'est toujours moins que citoyen. Nous, qui nous trouvons déjà malheureusement liés à l'Algérie, nous prions ceux de nos concitoyens de la métropole qui ne craignent pas de traverser la Méditerranée, de venir nous examiner attentivement et de nous dire après s'il y a sur nos fronts, dans nos habitudes et dans nos raisonnements, quelque chose qui indique l'homme dégradé méritant de perdre tout ou partie de ses droits ; ou si, au contraire, chaque habitant de l'Algérie, à de faibles exceptions près, ne porte pas sur lui l'empreinte du courage, de l'énergie, de la force physique, de l'intelligence et de la persévérance. Cependant on voudrait nous faire décheoir !!!

Ce choix d'habitants s'est fait tout seul : c'est que l'homme d'une trempe ordinaire ne s'expatrie pas, surtout pour l'Algérie, où l'on trouve l'arbitraire et l'yatagan.

Vouloir comprimer une population ainsi composée, c'est de la démence ; prétendre qu'elle se composera différemment à l'avenir, c'est un paradoxe ; la gouverner par exception, c'est ajourner indéfiniment l'avenir du pays ; gaspiller aussi indéfiniment l'argent et l'intelligence des hommes, c'est un crime de lèse-civilisation.

Eh quoi ! l'Algérie ne saurait devenir un état florissant ? Le moyen est-il donc si difficile à trouver ?

Qu'on en fasse des départements.

De colon, assimilé à l'homme conquis, n'ayant naguère pas la certitude de posséder, devenir citoyen français, électeur, éligible, conseiller municipal, conseiller de département, député, pair de France ; voilà un progrès rapide, un état ravissant, si... la chose était possible.

Nous allons envisager l'Algérie en départements sous tous les points de vue.

Nous demandons d'abord que deviendraient les étrangers européens ? que deviendraient les Arabes ? que deviendrait toute l'Algérie ?

Les Européens deviendraient-ils tous Français en masse, ainsi que le furent les Corses en 1789? Faudrait-il qu'ils fissent des demandes individuelles? En combien de temps acquerraient-ils les droits de citoyen? Y aurait-il des catégories, suivant l'ancienneté du séjour? Les droits seraient-ils tous acquis à la fois, ou par classes, ou progressivement?

Si l'on ne voulait pas faire une naturalisation en masse, les départements de l'Algérie demeureraient long-temps en état transitoire, et, loin de consolider les départements de l'Europe, ils leur susciteraient de graves embarras par le seul fait des nouveaux citoyens européens à créer.

Si la naturalisation avait lieu d'un seul coup, est-il bien sûr que l'Européen naturalisé en Algérie continuerait à y résider toute sa vie, plutôt que de s'en retourner dans son pays natal jouir de la fortune acquise?

Serait-il digne de la France que des étrangers naturalisés abandonnassent les bienfaits de la naturalisation? Ne lui créeraient-ils pas souvent des difficultés dans ses relations internationales? Que deviendrait en Algérie l'influence des citoyens français nés en France, noyés dans un nombre presque égal d'Européens naturalisés Français? Quel effet cet état de choses produirait-il dans un moment donné où il faudrait en Algérie une influence et une coopération de vieux Français?

Occupons-nous des Arabes.

A coup sûr, les Arabes ne sauraient devenir tous en

masse et en même temps citoyens français, électeurs, éligibles; il serait même imprudent, à notre avis, qu'ils le devinssent par classe, et nous ne voudrions les admettre qu'individuellement et par exception.

En effet, en adoptant le minimum de l'évaluation donnée aux populations arabes, avec deux millions de Bédouins citoyens français, avec cent mille soldats, et avec ceux-ci cinquante mille Européens naturalisés, les cinquante mille colons nés Français n'auraient rien de mieux à faire que de s'en retourner dans les départements d'Europe. Cela n'encouragerait pas d'autres Français à s'établir dans les départements d'Afrique, qui seraient souvent, dans certaines localités, mis en état de siége, qui y seraient toujours dans d'autres.

On se verrait obligé d'en venir aux zones. Départements par zones, c'est une organisation comme une autre, et les partisans des départements auraient le mérite de l'invention.

On naturalisera donc les Arabes par zones, et lorsqu'il plaira aux nouveaux naturalisés de se révolter, on mettra la zone naturalisée en état de siége. Ce serait la guerre civile organisée. Nous aurons donc des départements élastiques, ou enfin, si nous voulons éviter tous ces grands inconvénients, nous ferons nos zones tellement restreintes, qu'il faudra des siècles avant que l'Algérie entière soit organisée en départements.

On nous citera peut-être la Corse; mais peut-on comparer les Corses aux Bédouins, la Corse à l'Algérie par l'étendue, la distance qui les sépare du continent d'Europe? Pourtant la Corse, quoique constituée en départements, a été régie, pendant soixante ans environ, par un système exceptionnel; elle n'est pas encore tout à fait assimilée aux départements du continent.

Or, il est évident que créer des départements pour les soumettre, avec connaissance de cause, à un régime exceptionnel, ce serait une grave faute, ce serait même dangereux. L'habitude de l'arbitraire est vite contractée, difficilement oubliée. Déjà, sous ce rapport, le long séjour de certains officiers en Algérie n'a pas été tout à fait avantageux à la métropole. Qu'on les mette au milieu d'une émeute, il est très probable qu'ils n'attendront pas que les trois sommations soient faites pour donner l'ordre de charger. Nous ne nous entretiendrons pas de cette même habitude prise par certains administrateurs; on en a suffisamment parlé. Les mêmes causes produisent les mêmes effets; à quoi bon les perpétuer?

La France ne peut que perdre à une création de départements de cette nature. L'adjonction d'un pays à un autre, l'assimilation ne sont bonnes que lorsqu'il y a avantage et augmentation réciproque de forces, enfin homogénéité. Or, ici, il y aurait affaiblissement de part et d'autre.

Une fois l'Algérie érigée en départements, il y aurait un budget inévitable, non susceptible d'être diminué; obligation de conserver à des conditions invariables; danger de mutilation du territoire français, en cas de malheur; côté faible dans toute combinaison diplomatique.

Il faudrait préalablement supposer que quelques-unes des puissances européennes, quoique nullement intéressées à l'agrandissement territorial de la France, consentissent à l'érection de l'Algérie en départements. Les puissances! on ne peut toutes les mépriser, et il faut que la France ait quelques alliés. L'adjonction de l'Algérie comme départements est une affaire autrement grave qu'un mariage, et la France serait beaucoup plus vulnérable par l'Algérie en départements, que les puissances du Nord par Cracovie.

Cependant nous supposons que les puissances tolèrent l'adjonction, qu'elles y consentent même : ce serait à coup sûr un piége tendu à la France, à sa puissance. En effet, imaginez les départements de l'Algérie ne pouvant correspondre avec le pouvoir central qu'après quarante heures au moins de navigation ; des escadres quelconques croisant dans la Méditerranée, à travers les départements de la France; des troupes ennemies menaçant ceux de l'Algérie par Tunis et Maroc; l'Angleterre possédant Gibraltar, Malte, les Iles-Ioniennes, et la France privée d'alliés dans la Méditerranée : nous demandons à tout homme tant soit peu politique, civil ou militaire, si c'est là la position qu'il préférerait pour la France, dans le cas où on lui donnerait à choisir. Évidemment non ; et pourtant voilà ce que certains utopistes proposent et soutiennent avec acharnement.

Il reste maintenant à examiner l'Algérie en départements sous le rapport administratif.

Des préfets correspondant avec tous les ministres, suivant l'affaire à traiter; des généraux commandant les divisions correspondant aussi avec les ministres de l'intérieur et de la guerre ; par suite, aucun chef suprême dans les départements de l'Algérie ; en tout cas, conflit probable, ou, tout au moins, désaccord entre les divers commandants de division ; de là, danger évident d'être battu en détail en cas de guerre, ou de se trouver très faible avec de grandes forces vis-à-vis d'un ennemi étranger ou d'une insurrection générale. Point de chef-lieu, car un département n'a pas de suprématie sur un autre ; point d' nsemble dans les créations colonisatrices, car chaque préfet agit pour son compte. Si ce n'est là le chaos organisé, un Bédouin habillé à la française, c'est quelque chose qui vaut encore moins. Il est évident que, peu de temps après un essai de ce genre, on recréerait un commandant en chef, enfin un gouverneur. Nous voilà revenus au point de départ.

Refaire un gouvernement militaire tel qu'il est aujourd'hui, ou à peu près, n'est pas chose admissible. Pouvoir généralement repoussé à cause de sa nature arbitraire et improductive, pouvoir provisoire et indéfini, il aurait besoin de telles modifications, qu'on lui laisserait tout au plus le nom de ce qu'il est, si toutefois un nom réprouvé peut être conservé.

En attendant, la population civile aura grandi ; elle ne saura se soumettre à ce qui l'indigne maintenant. Et pour rétablir un gouverneur avec son pouvoir sans limites, il faudra que la France se résigne à voir l'Algérie perdre en prospérité et en population ce que

l'organisation faible, mais supportable, en départements, lui aurait fait gagner. Un gouverneur militaire,
enfanté de nouveau par l'insurrection ou par l'anarchie,
demandera un pouvoir illimité : il voudra que les
juges redeviennent amovibles, que la liberté de la
presse soit supprimée; que tel citoyen, qui lui deviendrait incommode, puisse être expulsé. Il règlera, ainsi
que nous l'avons vu par expérience, ses dispositions
politiques et financières envers la population européenne, selon que ses expéditions contre les Arabes
auront eu plus ou moins de succès.

Les Arabes, et toujours les Arabes! Il y en a deux
millions, dit-on, en Algérie; il faudra bien qu'on en
tienne un compte quelconque, si l'on ne veut pas les
exterminer. On le voudrait, qu'il faudrait le pouvoir ;
et les Arabes s'insurgeront toujours tant qu'on sera
trop faible ou trop despote à leur égard, tant qu'on
les laissera dans le provisoire. Les départements ne
peuvent enfanter que la faiblesse et l'anarchie; l'administration militaire n'a enfanté et n'enfantera que le
despotisme. Dans l'une et dans l'autre position, les
Arabes ne verront qu'absence d'un souverain véritable,
définitif. Peu d'entre eux sont allés et iront voir le véritable souverain qui réside à Paris. Un gouverneur, en
supposant qu'il soit toujours vainqueur, n'est pour les
Arabes qu'un fait provisoire, passager; un effet non
nécessaire d'une cause insaisissable, un homme susceptible d'être rappelé et remplacé. Pouvoir amovible,
un gouverneur n'inspire pas plus de confiance aux
Arabes que des juges amovibles à leurs justiciables.

Si la fixité d'un gouvernement est indispensable à
la fixité de tout état, elle l'est encore plus pour une
population qui est et qui sera encore pendant long-
temps composée en grande partie d'Arabes et d'étrangers. Les Européens étrangers, avec leurs capitaux,
répugneront à se fixer pour toujours dans un pays qui
est et qui sera devenu encore plus étrange. Enfin,
les Français se tiendront à l'écart d'une contrée qui ne
leur présentera plus aucune sécurité pour le présent,
aucune garantie pour l'avenir. De cet état de choses on
viendrait à un dépérissement pareil à celui dont nous
voyons déjà le commencement, et puis à l'abandon.

Abandonner l'Algérie après l'avoir déclarée département, ce serait une mutilation honteuse; mieux vau-
dra donc la conserver quand même, tant que les Français auront un centime et une goutte de sang à donner.

C'est ainsi pourtant que les plus grandes nations, et
surtout les nations libres, ont marché à leur déca-
dence. Conquérir, conserver sans prévoyance, dépenser sans mesure les revenus du peuple conquérant;
gaspiller et détruire les ressources du peuple conquis, guerroyer sans cesse dans le seul objet osten-
sible de rajeunir outre mesure une armée jeune et
brave quand même; convertir le moyen en but, le but
en moyen, voilà l'histoire des seize dernières années,
l'histoire de toujours, si l'on ne sort pas de ce cercle
vicieux! Pourtant, si nous devions, astreints par la plus
dure nécessité, opter entre l'Algérie-départements
et l'Algérie gouvernement-militaire, nous préférerions
le dernier.

Un gouverneur rallie autour de lui une classe quelconque; c'est un homme supérieur; il est brave, actif, dévoué; il impose aux Arabes par la force; aux Européens, à l'armée par sa capacité; un gouverneur enfin est une unité. Dans les départements, en Algérie, les hommes devraient s'effacer devant des institutions qui, pour la plupart des habitants et même des administrateurs, seraient incomprises; et pendant que cet apprentissage gouvernemental se ferait aux dépens des administrés algériens et des contribuables d'Europe, tel préfet, interprétant le nouveau système suivant son esprit et son énergie, ferait peut-être tout le contraire de ce qu'un autre croirait plus légal et plus rationnel. Le plus sage demanderait des instructions en France; et quelles instructions attendre de plusieurs ministres et d'employés dont aucun ne connaîtrait l'Algérie que de nom, et qui feraient eux-mêmes leur apprentissage? Dans tous les cas nouveaux qui se présenteraient, et ils le sont presque tous en Algérie, il y aurait incertitude, hésitation, étude par des hommes incompétents, mesures fausses et dangereuses à appliquer.

La Corse a été régie par un tarif de douane exceptionnel; l'Algérie devra être régie par un tarif encore plus exceptionnel. Ce sera un grand point de dissemblance entre les anciens et les nouveaux départements, manque d'homogénéité, affaiblissement de la France, bien loin d'être augmentation de forces et de vigueur. Colonie en réalité, état sujet, bâtard, sous le nom de départements; corps sans tête, sans unité, exposé à retomber par intervalles, et peut-être même pour un temps indéfini, sous le pouvoir militaire..... Non, ce ne sont pas là l'avenir de l'Algérie ni la condition de sa prospérité ; de plus hautes destinées lui sont réservées.

L'Algérie unité, relevant de la France par un gouvernement qu'elle aurait engendré, par ses mœurs, ses lumières, ses lois, ses armes, ses enfants, *alors* contents et dévoués, loin de lui être à charge, augmenterait sa force, la doublerait en cas de guerre dans la Méditerranée, la paierait au centuple de tous les sacrifices que la France aurait faits et serait encore dans le cas de faire pour l'Algérie.

L'unité provisoire ne suffit pas ; elle ne peut exister sans la fixité, qui ne se trouve pas seulement dans les institutions, mais qui a essentiellement besoin d'une constitution et d'un homme. Cet homme ne saurait être un simple citoyen, quel que fût d'ailleurs son grade et son mérite personnel. Un citoyen ne pourrait être inamovible ; et toutefois si l'inamovibilité est indispensable à l'égard d'un magistrat, elle l'est encore plus envers le chef d'un gouvernement.

L'Europe n'en est pas encore aux républiques. Quoique la France en ait essayé, et précisément à cause de cela, elle n'a pas voulu d'un second essai en 1830. Une nouvelle dynastie a satisfait à toutes les exigences de la grande majorité des Français et des gouvernements d'Europe.

Et si la France a confié ses destinées à cette dynastie ; si elle y a trouvé paix, prospérité ; si cette dynastie a répondu à l'attente de l'Europe moderne, la France peut et doit encore mieux lui confier les destinées de l'Algérie.

Après avoir établi que l'Algérie en départements, loin de fortifier la France et l'Algérie, les affaiblirait l'une et l'autre, manquerait le but désiré, il nous reste à examiner si l'Algérie en vice-royauté serait la véritable solution du problème que les événements ont posé à la génération actuelle.

Il est hors de doute que la première condition de progrès pour l'Algérie est l'augmentation de ses habitants ; la seconde, la culture des terres par des hommes à demeure fixe : ni l'une ni l'autre ne peuvent se réaliser sans sécurité. Nous ne voulons point parler uniquement de celle qui pourrait être troublée par les Arabes (l'armée et les gardes citoyennes seraient là pour nous défendre), mais de la sécurité qu'inspirent les lois. Les lois civiles sont insuffisantes en cette circonstance, ainsi qu'en d'autres semblables. Il faut avant tout pour un pays une charte constitutive, autour de laquelle toutes les lois qui en dérivent viennent se grouper. En tout temps, et surtout dans ce siècle, on veut savoir sous quel régime on va vivre avant d'émigrer. Nous n'attendons pas l'accroissement de la population en Algérie de contrées sauvages, mais de pays civilisés. Allemands, Espagnols, Italiens ne quitteront leurs pays que pour améliorer leur position ; ils voudront des garanties, de la stabilité. Depuis quelque temps la population étrangère commence à ne faire que de bien faibles progrès ; c'est que tout ce qu'il y avait d'aventuriers parmi ces nations a déjà émigré. Nous ne devons même un certain nombre d'habitants qu'à la misère des îles Baléares et aux crises politiques qui ont agité l'Espagne et l'Italie. Des hommes sérieux, possédant talents ou capitaux, pouvant attirer une population ouvrière et subalterne, ne quitteront pas leur pays sans savoir à quoi s'en tenir. C'est ce qu'il faut comprendre; nous voyons que le nombre même des Français augmente bien lentement, et pourtant les années s'écoulent, et avec elles cent millions par an; et poutant il importe à la France que l'Algérie se peuple de préférence de Français. Mais ceux-ci sont peu flattés de perdre leur qualité de citoyens; ils exigent plus que tous autres des garanties qu'un maréchal de France, quoique illustre par ses exploits, ne peut leur donner, et qu'on ne trouve que dans une sphère supérieure et dans les institutions.

Supposons qu'un prince français, non encore atteint de la terrible maladie des systèmes tout faits, mais disposé à étudier le pays, plein d'intelligence et de connaissances, trouvant dans le gouvernement qui lui serait confié, une grandeur qu'il ne saurait espérer dans le sein de la France, vienne prendre les rênes du gouvernement de l'Algérie, quel pas immense ne ferait-elle pas dans la voie de la prospérité?

Nous voudrions que ce prince eût une étroite alliance avec un des plus puissants pays qui bordent la Méditerranée; que cette alliance, apportée en dot à l'Algérie, fût un gage de plus pour sa future grandeur. Nous voudrions que la constitution de l'Algérie fût autant que possible l'œuvre du midi de l'Europe, œuvre définitive sur laquelle il n'y aurait plus à revenir. Cette constitution pourrait apaiser des susceptibilités récentes, conçues par une puissance maritime dont le pavillon stationne, contre toute raison, dans la Méditerranée. S'il en était autrement, nous voudrions qu'on se passât de l'adhésion de cet intrus, et que l'alliance des puissances du midi, habilement recommencée par nos hommes d'état, fût une position nettement dessinée qui rendît à la Méditerranée le rang duquel plusieurs siècles l'ont fait décheoir.

Nous voudrions voir le génie civilisateur de la France lié plus étroitement encore qu'il ne l'est avec l'Espagne, avec tout le littoral de l'Italie, de l'Archipel, du Bosphore; que d'une entente d'esprit et de cœur avec les enfants libres et heureux de la France, habitant les côtes de l'Algérie, il résultât une de ces forces qui agissent comme par attraction, dans l'intérêt de la commune patrie et de la civilisation.

Nous voudrions que l'Egypte, la régence de Tunis et l'empire de Maroc fussent les ailes de l'Algérie; position formidable qui balancerait bien l'occupation de Cracovie! On pourrait la prendre en peu de temps et peut-être sans secousses.

Nous voudrions que l'Allemagne, intéressée par ses libertés politiques à être l'alliée de la France, considérât l'émigration de ses enfants en Algérie comme le meilleur moyen de pourvoir à leur exhubérance; qu'il résultât de là, pour l'Allemagne, une plus forte disposition à se lier avec le midi de l'Europe. L'Algérie, formant à elle seule une unité, ayant une action vigoureuse, des forces à elle particulières, serait pour la mère-patrie un puissant allié, tandis que l'Algérie en départements serait une faiblesse, un danger.

Nous voudrions que le prince appelé de tous nos vœux à gouverner l'Algérie eût des administrateurs responsables; que des conseils municipaux et un conseil supérieur, électifs, composés d'habitants du pays, fussent appelés à délibérer sur ses intérêts.

Nous voudrions que ce prince s'abstînt de guerroyer, car guerroyer contre ses propres sujets, ce n'est pas l'œuvre d'un prince, et les Arabes ne seraient plus alors des ennemis, mais des sujets révoltés; le prince ne devrait intervenir que pour faire grace, lorsque la politique et l'humanité l'exigeraient.

Nous voudrions que ce prince ne sortît que très rarement de sa capitale pour examiner les progrès de l'Algérie; s'il devait s'en éloigner souvent, nous ne serions point gouvernés par lui, et il y aurait un interrègne à chacune de ses sorties.

Nous voudrions que des primes ou des droits protecteurs vinssent, pour un certain laps de temps, rendre possible aux Européens la culture des céréales, sans laquelle aucune nation ne peut subsister.

Nous voudrions qu'une marine locale, desservie par des équipages européens et arabes, mît l'Algérie en état d'être indépendante des navires européens en cas de guerre, et d'armer des corsaires si telle grande puis sance voulait nous opprimer. Que l'on vienne nous bloquer ensuite ; Dieu aidant , nos corsaires , les courants et les tempêtes, le blocus ne serait pas impénétrable. Nous serions plus d'une fois dans le cas d'héberger l'équipage ennemi dont le navire se serait brisé sur nos côtes, et de le protéger au besoin contre les indigènes. Les plaines de la Mitidja et de la Seybouse , cultivées, suffiraient à nourrir toute la population européenne de l'Algérie.

Tout se réduit à une difficulté temporaire de budget.

Eh bien! si l'on veut faire une affaire d'argent d'une question de grandeur, de gloire, de prospérité nationale, nous dirons à **MM.** les députés :

Vous votez cent millions par an ; vous ne pouvez faire autrement, car si vous les refusiez une seule fois, vous perdriez la France au dedans et au dehors ; vous les votez depuis plusieurs années, et vous n'avez pas encore étudié l'Algérie.

Ignorance, insouciance, opposition dynastique, tout s'en est mêlé à la fois. Vous avez gaspillé les fonds des contribuables en n'en surveillant et en n'en dirigeant pas l'emploi. Vous avez abandonné aux tâtonnements de l'administration le sort de plusieurs milliers de vos concitoyens établis en Algérie. Vous nous avez forcés à faire retentir le monde entier de nos plaintes. Vous ne nous avez pas compris, ou n'avez pas voulu nous comprendre.

Vous avez préféré laisser les choses dans leur triste

état plutôt que de sortir de votre inexplicable léthar-
gie ; ou bien vous avez craint de devoir accorder ce
que nous demandons. Cependant il faut que le sort de
l'Algérie soit fixé ; et vous, tout seuls, vous êtes im-
puissants à créer. Si vous disposez des fonds, vous ne
pouvez pas disposer des hommes, et ces fonds mêmes,
vous ne pouvez aujourd'hui vous dispenser de les voter. Songez-y sérieusement : l'Algérie finira par dévo-
rer la France, si vous n'assurez pas son avenir.

Prenez l'initiative, MM. les députés, demandez la
vice-royauté pour un jeune prince du sang ; ce ne sera
pas illogique. Et, afin que vos consciences soient à l'a-
bri de tout reproche, veuillez remarquer que ni nous,
habitants actuels de l'Algérie, ni les habitants à venir,
nous n'aimons pas plus que vous le despotisme. Les
soldats, que le temps changera en bourgeois, proprié-
taires ou ouvriers, aimeront autant que tout autre les
institutions de la mère-patrie : vous voyez que nous ne
pouvons pas les oublier.

Lorsque vous aurez contribué à nous rendre forts
sur la côte d'Afrique, vos navires sortant de Marseille,
Cette, Port-Vendres ou Toulon, navigueront en plus
grande sécurité dans la Méditerranée ; et si les An-
glais s'avisaient de vous bloquer, vous savez que cela
est déjà arrivé, nous nous entendrions avec vous pour
attaquer leurs escadres, et nous leur ferions passer
l'envie de se mettre entre deux. Ils finiraient par s'a-
percevoir qu'ils sont plus à leur aise au delà du détroit ;
les choses n'en iraient que mieux dans ce lac de la Méditerranée. Achevez donc l'œuvre, MM. les députés : que

la France, après avoir détruit le pavillon des forbans algériens qui, au moins, appartenaient à une des nations de la Méditerranée, prépare l'avenir pour l'expulsion de l'intrus; bien des nations nous donneront leur appui et nous témoigneront leur reconnaissance.

Etablissez généreusement un Français, un prince royal en Algérie; augmentez la puissance de la Famille que vous avez appelée à régner sur la France, c'est augmenter celle de toute la nation, car les princes se sont plus que vous occupés de l'Algérie; ils y sont venus exposer leur vie dans plus d'une occasion.

Ne croyez pas, MM. les députés, que nous vous demandions précisément l'aumône pour nous ou pour un autre. L'Algérie renferme des mines, des forêts, peut-être même de la houille; elle produit du sucre, de l'huile, de la cochenille, de la soie, du coton, du blé, du tabac et du foin dont Marseille a parfois besoin. Voilà de quoi payer des contributions, créer un apanage, faire des échanges, établir des usines et enrichir une nation. Vous nous prêterez vos capitaux, dont nous vous paierons largement les intérêts; vous savez que les capitalistes ont fait de bons placements en Algérie.

Votez-nous des fonds et envoyez-nous des hommes probes, qu'ils soient ou non de vos amis, pour en surveiller l'emploi; nous leur adjoindrons quelques vieux Algériens, administrateurs et administrés, ce qui ne sera pas inutile, car nous connaissons le faible et le fort des choses et des hommes. Vous verrez, MM. les députés, que chaque année le budget de l'Algérie s'élèvera moins haut, parce qu'à force de travail nous finirons par nous suffire à nous-mêmes. Mais il faut, avant tout, que nous ayons de bonnes lois, qu'elles restent sous la sauvegarde de la presse sagement libre, et que nous, vieux habitants de l'Algérie, nous soyons aussi appelés à les voter.

Des raisons pour nous refuser ce que nous vous demandons, vous ne pouvez en produire. Ce qui le prouve, c'est que jusqu'à ce jour vous n'avez rien dit contre la vice-royauté, quoique vous n'ayez pas manqué d'y penser.

Mais, pour Dieu! hâtez-vous, MM. les députés! car autrement peu de gens ici pourront jouir de votre adhésion et vous exprimer la reconnaissance que vous aurez méritée.

Alger, le 15 janvier 1847.